Género Texto argumentativo

I0799052

Pregunta esencial

¿Cómo nos ayudan los monumentos a entender la historia de nuestro país?

PRESERVAR UN lugar especial

Introducción 2

Capítulo 1
Visitas al parque nacional 4

Capítulo 2
Peligros para la vida silvestre 8

Capítulo 3
Búsqueda de soluciones 12

Conclusión 14

Respuesta a la lectura 15

LECTURA COMPLEMENTARIA **El Arco Gateway** 16

Glosario/Índice 19

Enfoque: Estudios Sociales .20

Introducción

Costa Nacional Isla del Padre es una costa nacional protegida. Se encuentra en una **isla barrera** de 70 millas de largo frente a la costa del sur de Texas. El Servicio de Parques Nacionales protege a Costa Nacional Isla del Padre y a otros monumentos del país. Establece reglas para proteger la vida silvestre de la isla. Pero la isla también es un lugar popular de vacaciones. Las reglas limitan lo que pueden hacer los visitantes.

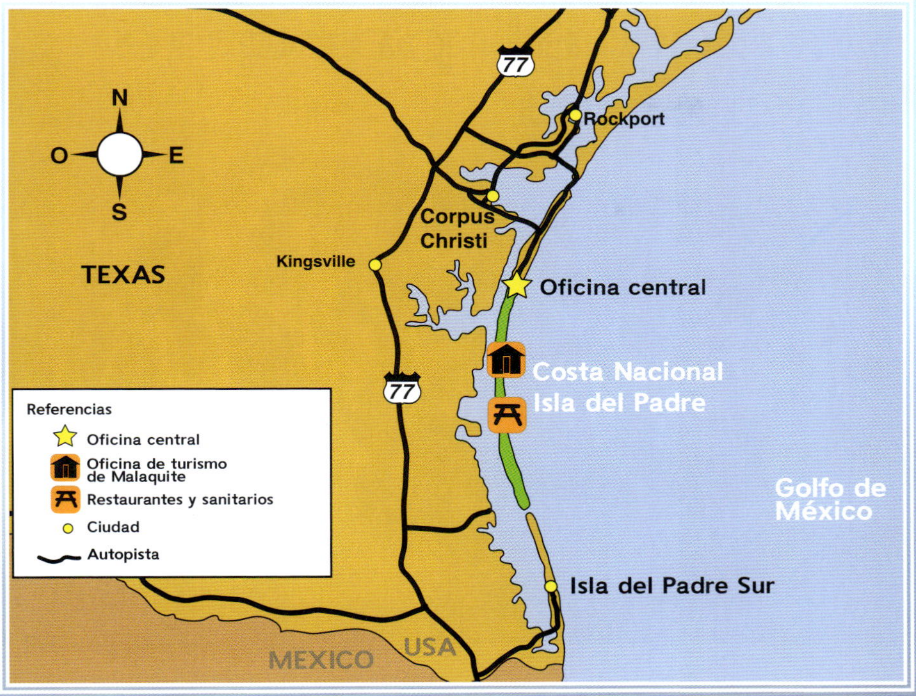

El Servicio de Parques Nacionales cuida las áreas silvestres.

Capítulo 1: Visitas al parque nacional

Las grullas migran a la Isla del Padre en invierno.

Alrededor de 30.000 personas viven en la isla. Y más de 400.000 visitan la Isla del Padre Norte cada año. Los visitantes toman sol en las playas de arena. Nadan en las cálidas aguas del golfo. Visitan edificios históricos. También leen sobre la historia de la isla en busca de pistas sobre cómo se vivía allí hace muchos años.

La pesca es una actividad popular en la Isla del Padre.

Algunas personas alquilan canoas o kayaks para salir a explorar o ir a pescar. Otras montan carpas. Hacen fogatas para acampar en la playa durante la noche.

El parque es un sitio popular para la observación de aves. Hay más de 380 **especies** o tipos de aves en el lugar. En otoño e invierno, un número masivo de aves **migran** a la isla en busca de temperaturas más cálidas.

¿Por qué migran las aves?

Las aves migran o se desplazan de un área a otra en busca de calor, alimento y lugares seguros donde anidar. Muchas especies migran hacia el sur en invierno. Regresan al norte en verano. Algunas especies vuelan miles de millas y no se detienen para comer ni descansar.

Las playas y ciudades cerca de Costa Nacional Isla del Padre son cada vez más populares. Los empresarios están abriendo más restaurantes y tiendas. Se están construyendo grandes hoteles. De ese modo se espera atraer a más visitantes.

Los visitantes quieren disfrutar de todo lo que ofrece la isla. Pero existen reglas para proteger la vida silvestre de la isla de la actividad humana.

Detective del lenguaje

Indica con qué sustantivos concuerda el verbo son en la oración subrayada. Explica cómo lo sabes.

Las reglas del parque indican dónde y cuándo se puede pescar o acampar. Limitan el lugar por donde se puede conducir. Algunos piensan que estas reglas son demasiado estrictas. Dicen que los visitantes sustentan a la comunidad al gastar su dinero en restaurantes, hoteles y tiendas en las playas y ciudades cercanas.

Corpus Christi atrae visitantes a la isla.

Pero la actividad humana puede amenazar la supervivencia de la vida silvestre del parque. Los autos en la playa pueden herir a los animales y dañar las plantas. La basura que queda en las playas puede enfermar a los animales. La pesca excesiva puede alterar los **ecosistemas**. Los visitantes de la playa pueden dañar las **dunas** que han sido talladas en las costas arenosas por los fuertes vientos y las olas.

Los guardaparques recogen la basura aue contamina la isla.

Capítulo 2:

Daños a la vida silvestre

Las tortugas marinas recién nacidas se arrastran hacia el océano.

Muchos animales viven en la isla, incluyendo coyotes, ciervos, ardillas moteadas, liebres de cola negra y ratas canguro.

Una de las especies más raras de tortugas marinas es la tortuga lora que también vive en la isla. Estas tortugas pasan la mayor parte de su tiempo en el océano. Las hembras llegan a la costa para poner sus huevos en la arena. Cuando las crías nacen, se arrastran hacia el océano.

La tortuga lora es la tortuga marina más **amenazada** del mundo. Esto se debe en gran parte a la actividad humana. Los autos en la playa pueden atropellarlas. La gente que camina a lo largo de la orilla podría dañar los huevos de tortuga por accidente.

El Servicio de Parques Nacionales protege a las tortugas marinas. Los guardaparques buscan nidos de tortugas en la playa. Cuando los encuentran, los trasladan a lugares seguros.

Mover los nidos aumenta las posibilidades de supervivencia de las tortugas. Si los nidos quedan en la playa, podrían ser devorados por depredadores o aplastados por autos o personas.

Los guardaparques cuentan los huevos para llevar un registro de la población de tortugas.

Los guardaparques ayudan a las crías de tortugas a llegar a la seguridad del océano.

Dieciséis especies de aves en la Isla del Padre están amenazadas. La cantidad de aves ha ido disminuyendo con los años. Tienen menos lugares para anidar. Muchas cosas pueden asustarlas. Por ejemplo, los grandes grupos de personas. Los motores ruidosos de los botes también las afectan. Algunas dejan sus nidos y nunca regresan.

¿Qué hace un guardaparque?

El trabajo de un guardaparque es grandioso, ya que protege la naturaleza y educa a los visitantes del parque. Los guardaparques deben aprender sobre los animales y las plantas del lugar. Algunos trabajan durante un corto tiempo en diferentes parques para aprender más sobre los parques de todo el país.

U.S. National Park Service (NPS)

Nidos de aves en la Isla del Padre

Muchas personas quieren proteger a las aves, las tortugas y otros animales de la actividad humana. Quieren más reglas para limitar la construcción. Quieren limitar a dónde pueden ir los visitantes y qué pueden hacer.

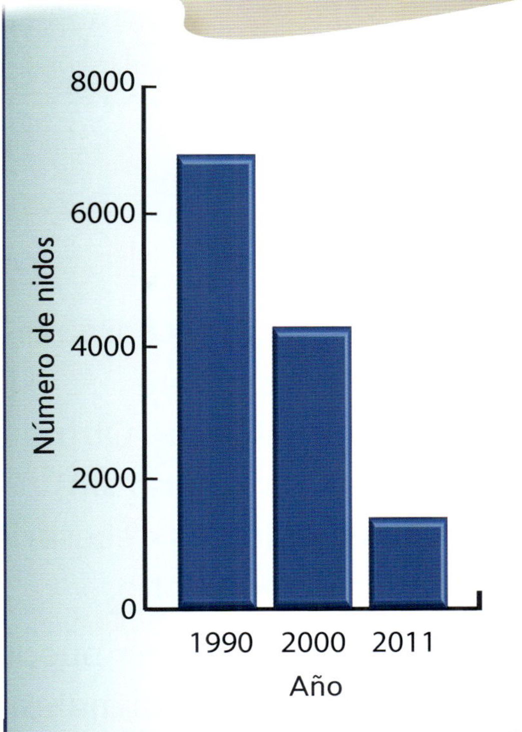

Esta gráfica muestra la disminución en el número de nidos.

Capítulo 3:

Búsqueda de soluciones

Las reglas protegen a las aves como estas espátulas.

El Servicio de Parques Nacionales quiere proteger el lugar. Otros quieren disfrutarlo sin tantas reglas. Es necesario hallar un equilibrio.

Los visitantes no pueden alimentar a los animales. La comida humana a menudo representa un peligro.

No se puede transitar cerca de los sitios donde hay nidos. Pero sí por otras áreas de la playa. De ese modo, los animales viven en lugares seguros.

Los límites de velocidad y las normas de tránsito son importantes. No se permite conducir donde crecen plantas o anidan animales. Se debe conducir lentamente por la seguridad de todos.

Detective del lenguaje	Indica cuáles son el sujeto y el verbo de la oración subrayada. Explica como lo sabes.

Solo se permite el ingreso de autos en ciertas áreas.

Los perros son bienvenidos en el parque, pero deben llevar correa. Esto significa que los visitantes pueden disfrutar de la isla con sus mascotas. Pero los animales del lugar están protegidos. Las leyes aseguran que los perros no persigan ni atemoricen a los animales.

La contaminación es dañina para los animales y hace que la playa sea menos agradable para los futuros visitantes. Los visitantes pueden traer comida a la playa. Pero deben eliminar la basura adecuadamente. El Servicio de Parques Nacionales les pide que no dejen rastros de su visita. Esto significa dejar el parque tal como lo encontraron.

Los voluntarios ayudan a limpiar la playa.

Conclusión

La vida silvestre en Costa Nacional Isla del Padre comparte la isla con los visitantes. La actividad humana puede dañar a los animales, pero algunas reglas simples pueden limitar el efecto de la gente sobre la isla. Algunas reglas pueden proteger el parque sin molestar a los visitantes o perjudicar a las empresas. Esto significa que los animales aún tienen su hogar en una isla saludable. Y este hito seguirá siendo un lugar especial para los visitantes en el futuro.

Respuesta a la lectura

Resumir

Resume lo que has aprendido sobre Costa Nacional Isla del Padre. Usa el organizador gráfico como ayuda.

Idea principal
↓
Detalle
↓
Detalle

Evidencia en el texto

1. *Preservar un lugar especial* es un texto argumentativo. Este tipo de texto proporciona datos y ejemplos para persuadir al lector a estar de acuerdo con la opinión del autor. Indica dos datos que la autora usa para persuadir al lector. GÉNERO

2. ¿Qué detalles indican por qué la gente visita Costa Nacional Isla del Padre? IDEA PRINCIPAL Y DETALLES

3. Las palabras de significados múltiples son aquellas que tienen más de un significado. Halla una palabra de significados múltiples en la página 5. PALABRAS DE SIGNIFICADOS MÚLTIPLES

4. Escribe un párrafo sobre cómo la actividad humana afecta a los animales en Costa Nacional Isla del Padre. ESCRIBIR SOBRE LA LECTURA

Género Texto expositivo

Compara los textos

Lee sobre el monumento más alto en Estados Unidos.

EL ARCO GATEWAY

El Arco Gateway es el monumento más alto en Estados Unidos. Se construyó en honor a Thomas Jefferson, los exploradores y los pioneros por su papel en la **expansión hacia el oeste**. Está en St. Louis, junto al río Mississippi. Muchos exploradores y pioneros comenzaron ahí su expedición hacia el oeste.

El sueño de Jefferson

Thomas Jefferson quería que Estados Unidos se expandiera a través de América del Norte. Cuando era presidente, Jefferson compró a Francia el territorio de Luisiana que se extendía desde el río Mississippi hasta las montañas Rocosas y tenía dos veces el tamaño de Estados Unidos. Jefferson envió a Lewis y Clark a trazar el mapa del nuevo territorio.

La construcción de un monumento grandioso fue idea de Luther Ely Smith, un abogado de St. Louis. Quería un monumento para las personas "que hicieron posible la expansión territorial de Estados Unidos hacia el oeste". Pensaba que la gente debía conocer los "logros de estos fundadores importantes de nuestro país".

Se realizó una competencia para elegir un diseño. Un arquitecto llamado Eero Saarinen fue el ganador. La construcción comenzó en 1963. El arco se terminó en 1965, pero no abrió al público hasta el año 1967.

Los exploradores William Clark (izquierda) y Meriwether Lewis (derecha) partieron de St. Louis en su expedición hacia el oeste.

El Arco Gateway tiene 63 pisos y mide 630 pies de alto. Tranvías llevan a los turistas hasta la parte superior. Luego, bajan por el otro lado. El viaje hasta la parte superior dura cuatro minutos, y la vista desde el mirador abarca a todo St. Louis. El arco recuerda que St. Louis fue la puerta de entrada hacia el oeste.

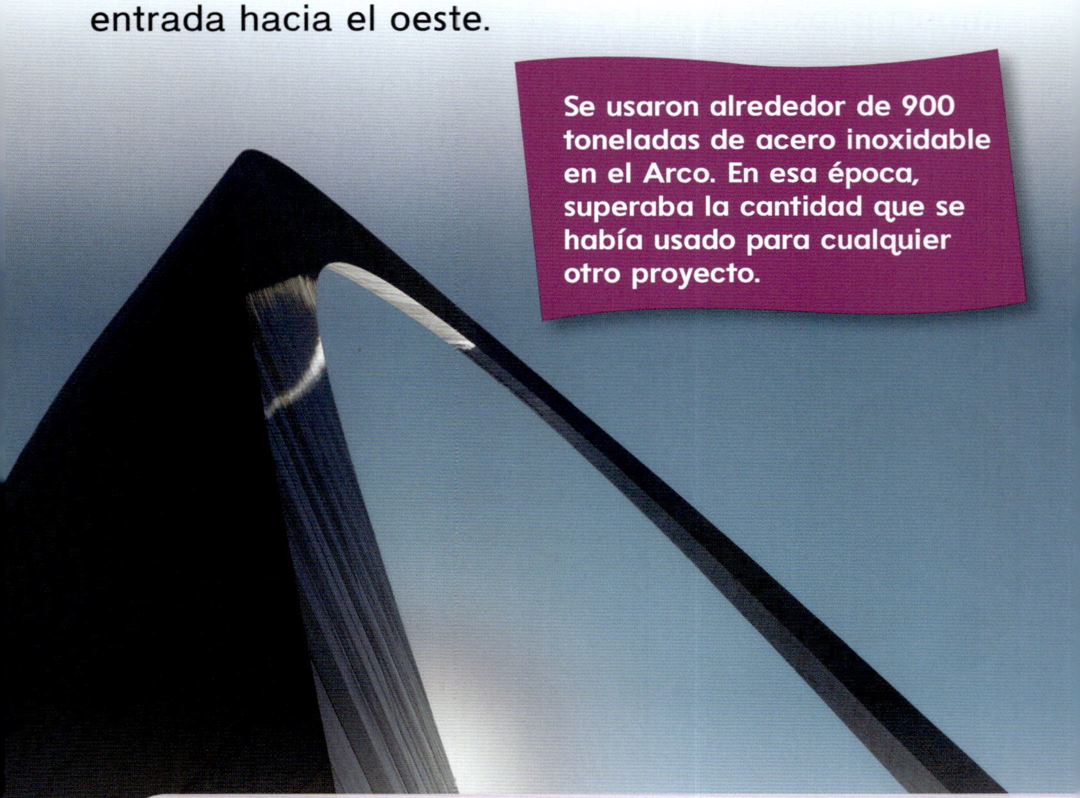

Se usaron alrededor de 900 toneladas de acero inoxidable en el Arco. En esa época, superaba la cantidad que se había usado para cualquier otro proyecto.

Haz conexiones

¿Cuál de los monumentos mencionados es tu favorito? ¿Por qué? PREGUNTA ESENCIAL

¿En qué se parece el Arco Gateway a otros monumentos sobre los que has leído?
EL TEXTO Y OTROS TEXTOS

Glosario

amenazadas casi extinguidas ***(página 9)***

dunas montículos o pequeñas colinas de arena creadas por el viento y las olas ***(página 7)***

ecosistemas redes de plantas, animales y el entorno en el que viven ***(página 7)***

especies grupos o categorías de plantas o animales que se parecen y comparten en gran parte el mismo ADN ***(página 5)***

expansión hacia el oeste cuando las personas exploraron y se establecieron en la parte occidental de América del Norte ***(página 16)***

isla barrera una extensa isla de arena paralela a la orilla del mar que protege las costas de las olas y el viento del océano ***(página 2)***

migrar desplazarse de un lugar a otro en determinados momentos del año ***(página 5)***

Índice

aves, *4-5, 10-11, 12*
contaminar, *7*
migrar, *4, 5*
monumento, *2-3, 16-18*
Servicio de Parques Nacionales, *2-3, 9-10, 12-13*
tortuga marina, *8-10, 12*

Enfoque:

Estudios Sociales

Propósito Aprender sobre un hito de tu estado

Procedimiento

Paso 1 Con un compañero, hagan un cartel sobre un hito de su estado. Dibújenlo y hagan un mapa para mostrar dónde se encuentra.

Paso 2 Enumeren cinco datos sobre este hito; por ejemplo: ¿Qué tan grande es? ¿Cuándo fue construido? ¿Quién lo construyó? ¿Cuántas personas lo visitan cada año?

Paso 3 Comenten sobre el hito. ¿Por qué es importante para su estado?

Paso 4 Presenten el cartel y la información sobre el hito a la clase.